Walther Ziegler

Camus
en 60 minutes

traduit par
Isabelle Durand

Je remercie Rudolf Aichner pour sa direction éditoriale infatigable, Silke Ruthenberg pour la délicate réalisation graphique, Angela Schumitz, Lydia Pointvogl, Eva Amberger, Christiane Hüttner, Martin Engler pour la relecture. Je remercie aussi monsieur le Professeur Guntram Knapp à qui je dois ma passion pour la philosophie.

J'adresse des remerciements particuliers à ma traductrice,
Isabelle Durand (ISATRAD®)
et à Alexander Reynolds et Vincent Koroneos qui ont effectué, en tant que philosophes, une dernière relecture scientifique du texte français.

Informations bibliographiques de la Bibliothèque nationale de France :
Cette publication est référencée dans la bibliographie nationale de la Bibliothèque nationale de France.
Les informations bibliographiques détaillées sont disponibles sur internet : www.bnf.fr
© 2019 Dr. Walther Ziegler

Première édition février 2019

Conception graphique du contenu et de la couverture: Silke Ruthenberg avec des illustrations de:
Raphael Bräsecke, Creactive - Atelier de publicité, bande dessinée & d'illustrations (dessins)
© JackF - Fotolia.com (cadres)
© Valerie Potapova - Fotolia.com (cadres)
© Svetlana Gryankina - Fotolia.com (bulles entourant les citations)
Édition: BoD – Books on Demand, 12/14 rond-point des Champs Élysées, 75 008 Paris
Impression: BoD – Books on Demand, Norderstedt, Allemagne

ISBN : 9782-3-2210-973-9
Dépôt légal : février 2019

Table des matières

La grande découverte de Camus	7
La pensée centrale de Camus	14
Le sentiment d'absurdité	14
Le suicide comme fuite devant l'absurde	27
La religion, la deuxième fuite	32
Idéologie, la troisième fuite	36
L'authenticité face à l'absurde	40
Le Mythe de Sisyphe	44
La révolte comme attitude de vie	49
À quoi nous sert aujourd'hui la découverte de Camus ?	54
Vivre avec l'absurde, se libérer des règles bourgeoises	54
Les styles de vie absurdes :	59
acteur et séducteur	59
Trouver le juste milieu	65
La sérénité face au caractère imprévisible de l'existence	67
Index des citations	75

La grande découverte de Camus

La pensée philosophique de Camus n'a aujourd'hui rien perdu de son caractère provocateur. En effet, comme tous les grands philosophes, Camus pose la question du sens de l'existence. Mais sa réponse sort tout à fait du cadre conventionnel.

Il va de soi que, au fil des siècles, les réponses apportées à la question du sens de la vie sont différentes. Pour Platon, c'est le Bien qui assure la cohésion interne du monde ; pour Hegel, c'est l'Esprit du Monde, pour Marx, la lutte des classes, pour Sartre, la liberté, pour Nietzsche, la volonté de pouvoir et pour Habermas, le développement de la raison communicative. En fait, chaque philosophe donne sa propre réponse à la question du sens de l'existence. Mais pas Camus. Il n'a pas de réponse. Pire encore ! Il apporte une réponse, mais cette dernière est extrêmement décourageante. À la question : « Quel est le sens de la vie ? » Il répond tout simplement : il n'y en a pas. La vie est absurde :

Toutefois, Camus ne serait pas un philosophe s'il se contentait de constater l'absence de sens de l'existence. En effet, il a basé son jugement pessimiste sur de nombreux exemples. En outre, il a posé l'absurdité du monde comme point de départ de toute une série de réflexions intéressantes. Ainsi, entre autres, il a posé la question radicale de savoir si, face à l'absurdité du monde, la seule décision conséquente serait celle de mettre fin à sa vie : le suicide serait-il la conséquence logique à tirer de l'expérience de l'absurdité ? Ou doit-on continuer à vivre avec le sentiment de l'absurde ? Si oui, comment faire ?

Camus répond à ces questions dans ses deux principaux ouvrages philosophiques : « Le Mythe de Sisyphe » et « L'Homme révolté ». Les deux livres sont rédigés sous forme d'essais et se distinguent ainsi du style aride et analytique des philosophes classiques. Camus lui-même se définissait plutôt comme homme de lettres que comme philosophe académique. Son expérience de l'absurde se reflète donc aussi dans ses romans, pour lesquels il reçut en 1959 le Prix Nobel de littérature. Dans son roman « L'Étranger », Camus montre de manière magistrale comment une simple rencontre sur une plage, entièrement due au hasard, peut changer et faire basculer complètement une vie. Toutefois, la découverte de l'absurde ainsi que les conclusions qu'il en tire ont sans aucun doute aussi un noyau philosophique. Avec Sartre et Heidegger, Camus compte parmi les plus importants représentants de la philosophie existentialiste.

Fils d'un caviste et d'une ouvrière, il vit le jour en 1913 et grandit au sein de l'Algérie coloniale française. Lorsque la Deuxième Guerre mondiale éclata en Europe, ce fut un événement marquant pour ce nord africain de vingt-six ans à l'époque. Il lui paraissait inimaginable qu'après les événements de la Première Guerre mondiale, une telle boucherie, une telle tuerie puisse être encore une fois possible. Le début de guerre, note-t-il stupéfait, est en contradiction totale avec le « ciel bleu sur la mer » et les « crissements des cigales ». Camus n'arrivait pas à réconcilier dans son esprit la catastrophe qui s'annonçait et la beauté persistante de la Nature :

> La guerre a éclaté. Où est la guerre ? En dehors des nouvelles qu'il faut croire et des affiches qu'il faut lire, où trouver les signes de l'absurde évènement ?[3]

Il est possible que son désarroi face à l'événement que représente le début de la guerre ait aiguisé son sens de l'absurde. Toutefois, la découverte (on pourrait presque dire « la révélation ») de l'absurdité de l'existence avait chez lui depuis le début un aspect intemporel. Finalement, Camus s'intéressait au problème philosophique de la recherche du sens dans un monde embrouillé et chaotique. En effet, le monde qui nous entoure et dans lequel nous nous mouvons est, d'après Camus, rempli de surprises. Il est impossible de le contrôler, il est aléatoire et irrationnel. Cependant, au plus profond de lui-même l'homme, dit Camus, aspire depuis toujours à l'ordre. Il a peur de l'incertitude de l'avenir et préfère par conséquent comprendre exactement tout ce qui l'entoure, l'expliquer par la logique et le prédire avec précision. Mais l'expérience de l'incompatibilité entre ce besoin intrinsèque d'ordre et le monde extérieur le conduit forcément à un sentiment d'absurdité :

> Mais ce qui est absurde, c'est la confrontation de cet irrationnel et de ce désir éperdu de clarté dont l'appel résonne au plus profond de l'homme. [4]

Effectivement, aujourd'hui aussi, plus de cinquante années après sa mort, le problème de l'absence d'orientation qui était le thème de prédilection de Camus, est toujours d'actualité. En Europe et dans d'autres parties du monde occidental, la religiosité perd de plus en plus de sa signification. De moins en moins de gens croient en Dieu ou à une vie après la mort. La capacité de la religion de donner un sens à l'existence semble s'amenuiser. Les hommes se retrouvent aujourd'hui devant la tâche immense de devoir maîtriser par eux-mêmes leur existence. Compte tenu du fait que les utopies matérialistes d'une future société sans classes sociales ont échoué aussi, la question du sens se pose dans toute son acuité.

Comment dois-je vivre ? Camus donne une réponse à cette question qui est loin d'être univoque. Nous devons apprendre à savoir manier l'absurdité. Nous ne devons pas tout simplement réprimer le sentiment de l'absurde ni, à plus forte raison, essayer de le détruire, mais au contraire, il nous faut le promouvoir ou, comme il le dit lui-même ? « le faire vivre » :

Vivre, c'est faire vivre l'absurde. Le faire vivre, c'est avant tout le regarder. [5]

Ses réflexions sur la meilleure manière de faire face à l'absurde et comment pouvoir organiser sa vie sans Dieu et sans orientation idéologique sont plus d'actualité que jamais. Pour cette raison, le grand mérite de Camus a été moins la découverte de l'atmosphère absurde et de l'impossibilité d'assigner un sens à la vie qu'il n'a été celle des différentes possibilités de s'accommoder de cette impossibilité.

La pensée centrale de Camus

Le sentiment d'absurdité

Pour Camus, l'absurde n'est pas le résultat d'une réflexion ou d'une analyse rationnelle, mais un sentiment qui s'annonce toujours lorsque la routine qui nous est familière s'effondre :

> Il arrive que les décors s'écroulent. Lever, tramway, quatre heures de bureau ou d'usine, repas, tramway, quatre heures de travail, repas, sommeil, et lundi mardi mercredi jeudi vendredi et samedi sur le même rythme, cette route se suit aisément la plupart du temps. Un jour seulement, le « pourquoi » s'élève et tout commence dans cette lassitude teintée d'étonnement. « Commence », ceci est important. [6]

En effet, une fois que l'homme a commencé à douter de son monde habituel, il ne pourra plus jamais s'y investir entièrement. L'expérience de l'absurde, une fois qu'elle est survenue, ne l'abandonnera plus jamais. La perception immédiate de l'absurde peut être déclenchée par des sentiments ou des événements individuels. Lorsque, par exemple, une relation est rompue et que l'on perd un partenaire dont on considérait l'affection et l'amour comme éternels, tous les autres rapports existentiels s'ébranlent aussi rapidement. Tout ce qu'il y a peu semblait familier apparaît tout à coup comme absurde et étrange. On se rend subitement compte que tout ce qu'on tenait auparavant pour des réalités objectives n'étaient que des idées à nous que nous avions imposées au monde :

> Pour une seconde, nous ne le comprenons plus puisque pendant des siècles nous n'avons compris en lui que les figures et les dessins que préalablement nous y mettions, puisque désormais les forces nous manquent pour user de cet artifice. Le monde nous échappe puisqu'il redevient lui-même. [7]

L'appartement ancien au caractère romantique, par exemple, dans lequel nous avons vécu si longtemps avec l'être aimé, les restaurants et les endroits qui nous avaient aimablement reçus, redeviennent tout d'un coup ce qu'ils sont, anonymes et indifférents. Les films d'amour à la télévision nous paraissent hypocrites et même le romantique sentier de promenade et la nature qui nous entoure montrent subitement leur vrai visage. La nature familière révèle en effet tout d'un coup son indifférence :

> Au fond de toute beauté gît quelque chose d'inhumain et ces collines, la douceur du ciel, ces dessins d'arbres, voici qu'à la minute même, ils perdent le sens illusoire dont nous les revêtions, désormais plus lointains qu'un paradis perdu. [8]

Le diagnostic aussi d'une maladie grave comme le cancer peut déclencher un sentiment d'absurdité. L'explication médicale que la régénération des cellules du corps est un processus tout à fait ordinaire, que les cellules cancéreuses ne font que continuer de se multiplier de manière incontrôlée au-delà du besoin naturel, est judicieuse et explicite. Mais pour la personne concernée, ce processus de division des cellules est et reste une absurdité inadmissible. Il n'est tout simplement pas possible de trouver une place à la maladie dans la planification habituelle de la vie, étant donné qu'elle remet tout en question. Mais, comme le souligne Camus, l'absurde ne nécessite en aucun cas de vivre un bouleversement existentiel pour apparaître très soudainement dans notre vie :

> Le sentiment de l'absurdité au détour de n'importe quelle rue peut frapper à la face de n'importe quel homme [...][9]

De nombreuses personnes connaissent par exemple le sentiment bizarre qu'on éprouve lorsque l'on regarde du haut du clocher d'une église vers le bas une place qui grouille de monde. Observés de très haut, les hommes ne ressemblent plus qu'à de petits points noirs. Comme des fourmis, ils courent fébrilement dans différentes directions, leurs chemins se croisent à cette occasion et, à un moment, ils disparaissent à nouveau dans le néant tandis que d'autres reprennent déjà leur place. Vu de cette hauteur, cette activité frénétique parait ridicule, oui, tout simplement absurde. Peu importe si vraisemblablement chacune de ces personnes sur la place poursuit un but bien défini et a peut-être même élaboré un plan ambitieux pour son existence, cette activité semble finalement extrêmement étrange et insignifiante. En effet, si soudainement l'un d'entre eux venait à ne plus être là, peut-être parce qu'il est mort, cela ne jouerait absolument aucun rôle. Dans toute cette cohue, on ne remarquerait même pas son absence. Vu d'en haut, le mouvement individuel des personnes est complètement superflu, inutile, en quelque sorte. Toute cette agitation continuelle, les mouvements contraires, le caractère apparemment interchangeable des desseins et des points de rassemblement semblent dénués de sens. Toutes les petites choses importantes et les objectifs qui ont pour chacun une importance tellement grande semblent avec la distance être complètement insignifiants, se relativisent en tendant vers le zéro et, de seconde en seconde, deviennent de plus en plus absurdes pour l'observateur.

Le caractère inquiétant de ce sentiment de l'absurde est encore renforcé par l'intuition que l'on n'est soi-même qu'une entre ces « fourmis », tout aussi échangeable, tout aussi insignifiante, et tout aussi superflue à la marche du monde. On se sent à la fin comme un simple point qui se déplace de A à B, et qui, à un certain moment, ne bouge même plus du tout. Camus nous livre un tel exemple de l'apparition de l'absurdité au milieu du quotidien :

Un homme parle au téléphone derrière une cloison vitrée ; on ne l'entend pas, mais on voit sa mimique sans portée : on se demande pourquoi il vit. Ce malaise devant l'inhumanité de l'homme même, cette incalculable chute devant l'image de ce que nous sommes, cette « nausée » comme l'appelle un auteur de nos jours, c'est aussi l'absurde. [10]

Le sentiment de l'absurde peut même survenir le matin à la table du petit déjeuner, lorsqu'une personne que nous connaissons bien nous paraît tout d'un coup parfaitement étrangère. Camus décrit ici l'impression surréelle d'un homme qui observe au petit déjeuner la compagne qui partage sa vie depuis de longues années. Il n'arrive plus à la percevoir de la manière à laquelle il s'est habitué car, pendant quelques instants, il se souvient de la femme dont il est tombé amoureux il y a de nombreuses années, mais qui ne ressemble plus du tout à cette femme qui est maintenant assise en face de lui à la table du petit déjeuner.

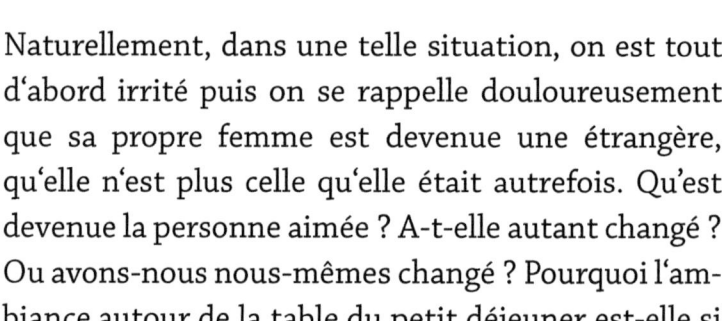

De même qu'il est des jours où, sous le visage familier d'une femme, on retrouve comme une étrangère celle qu'on avait aimée il y a des mois ou des années [...]. [11]

Naturellement, dans une telle situation, on est tout d'abord irrité puis on se rappelle douloureusement que sa propre femme est devenue une étrangère, qu'elle n'est plus celle qu'elle était autrefois. Qu'est devenue la personne aimée ? A-t-elle autant changé ? Ou avons-nous nous-mêmes changé ? Pourquoi l'ambiance autour de la table du petit déjeuner est-elle si différente ? Avons-nous perdu le sens de la beauté de notre partenaire ?

Peu importe la manière dont on répond à ces questions, pour un instant le monde habituel s'effondre. On voulait prendre un petit déjeuner convivial, comme tous les matins, mais au lieu de l'harmonie familière, on tombe (ne serait-ce que pour un bref instant seulement) sur le caractère étranger et absurde d'une existence dans laquelle tout se désagrège. Pour un bref moment, mais aussi pour une période plus longue, l'absurde peut nous saisir et même devenir une certitude intérieure. C'est la raison pour laquelle Camus ne parle pas seulement du sentiment, mais à de nombreuses reprises aussi du « climat » d'absurdité. Ce climat se niche tout d'abord dans le cœur de la personne et devient plus tard une attitude mentale :

> Le climat de l'absurdité est au commencement. La fin, c'est l'univers absurde et cette attitude d'esprit qui éclaire le monde sous un jour qui lui est propre, pour en faire resplendir le visage privilégié et implacable […]. [12]

En règle générale, les hommes évitent tant que possible de prendre conscience de l'absurde et s'efforcent de vivre et agir exclusivement dans le monde qui leur est familier. Ils donnent un sens à leur existence et s'accrochent à une routine. Ils structurent leur quotidien, ils se fixent des objectifs professionnels et privés pour lesquels ils peuvent énumérer toutes les bonnes raisons possibles. Toutefois, l'absurde peut éclater à tout moment et ébranler la familiarité.

> Un monde qu'on peut expliquer même avec de mauvaises raisons est un monde familier. Mais au contraire, dans un univers soudain privé d'illusions et de lumières, l'homme se sent un étranger. [...]
>
> Ce divorce entre l'homme de sa vie, l'acteur et son décor, c'est proprement le sentiment de l'absurdité. [13]

L'absurdité survient donc toujours lorsque l'homme ne se reconnaît plus dans ses rapports existentiels. Il se sent ensuite comme expulsé dans un monde étranger. Ce divorce n'est toutefois pas dû au hasard. Selon Camus, il est inévitable qu'il se produise. C'est pourquoi l'expérience de l'absurde ne touche pas que certaines personnes seulement, mais nous touche tous. Chacun de nous vit à un moment ou à un autre le conflit avec le monde, vu que le désir d'unité, de prévisibilité et d'ordre est une force motrice fondamentale de l'être humain :

Cette nostalgie de l'unité, cet appétit d'absolu illustre le mouvement essentiel du drame humain. [14]

À cet endroit, Camus parle d'un « drame humain », c'est-à-dire d'une catastrophe inévitable dans laquelle glissent toutes les personnes concernées. En effet, d'une part, il est nécessaire d'entreprendre la recherche du sens ; d'autre part, cette recherche est condamnée à l'échec du fait que le monde est à la fin chaotique, imprévisible et irrationnel. Notre existence dépend de milliers de hasards. Maladies, accidents, catastrophes climatiques, rencontres, occasions saisies ou envolées sont en contradiction permanente avec le désir d'ordre et de prévisibilité.

Cette évidence, c'est l'absurde. C'est ce divorce entre l'esprit qui désire et le monde qui déçoit […]. [15]

Le divorce entre l'esprit qui désire et le monde qui déçoit est inévitable, selon Camus, et crée un climat d'absurdité :

Ce monde en lui-même n'est pas raisonnable, c'est tout ce qu'on peut en dire. Mais ce qui est absurde, c'est la confrontation de cet irrationnel et de ce désir éperdu de clarté dont l'appel résonne au plus profond de l'homme. [16]

Le climat d'absurdité est donc généré par le choc qui se produit entre le besoin rationnel d'ordre et un monde irrationnel. Le sentiment de l'absurde est de plus aiguisé par la certitude que nous devons mourir. La mort inévitable remet en question tous nos efforts pour organiser notre vie de manière à lui donner un sens. C'est pourquoi, dit Camus, beaucoup de personnes refoulent ce fait aussi longtemps qu'elles le peuvent. De toute façon, les jeunes gens ne pensent pas à la mort et vivent comme s'ils allaient vivre éternellement. Mais, à un certain moment, eux aussi perdent leurs illusions et reconnaissent qu'ils sont liés par le destin à un corps éphémère, car, dit Camus :

> Un jour vient pourtant et l'homme constate ou dit qu'il a trente ans. Il affirme ainsi sa jeunesse. Mais du même coup, il se situe par rapport au temps. Il y prend sa place. [...] Il appartient au temps et, à cette horreur qui le saisit, il y reconnaît son pire ennemi. [...] Cette révolte de la chair, c'est l'absurde.[17]

Rien n'est aussi contraire à la nature humaine et à notre volonté de vivre que la mort. Nous naissons et nous voulons vivre, nous sommes libres et, pourtant, nous sommes condamnés à mort. La mort oblige les hommes à accepter l'incompréhensible, le caractère limité et absurde en effet de tous les efforts qu'il fait quand il est sur terre. Peu importe quels projets grands et fantastiques nous désirons ainsi réaliser ; à un certain moment, nous devons devenir sérieux et concéder que tout n'est que du bricolage :

L'intelligence aussi me dit donc à sa manière que ce monde est absurde. [18]

Camus parvient à la conclusion que le sentiment de l'absurde de l'existence humaine est un fait compréhensible et incontournable. De nombreuses personnes essayent malgré tout de refouler ce fait. Mais qui est honnête avec soi-même reconnaîtra qu'il est livré, dans son existence, à l'absurdité.

Le suicide comme fuite devant l'absurde

Si la vie n'a effectivement pas de sens, la question se pose de savoir si nous ne devons pas tout simplement échapper à cette existence insensée en mettant fin à nos jours. Camus pose cette question tout au début de son examen. La première phrase de son fameux livre « Le Mythe de Sisyphe » est la suivante :

Il n'y a qu'un problème philosophique vraiment sérieux : c'est le suicide. Juger que la vie vaut ou ne vaut pas la peine d'être vécue, c'est répondre à la question fondamentale de la philosophie. [19]

Cette question gagne encore en importance lorsque l'on exige que la pensée et l'action d'un homme doivent s'accorder. Un penseur qui est parvenu à la conclusion que la vie est dénuée de sens et qu'elle est absurde devrait en fait en tirer aussi les conséquences radicales correspondantes :

> On peut poser en principe que pour un homme qui ne triche pas, ce qu'il croit vrai doit régler son action. La croyance dans l'absurdité de l'existence doit donc commander sa conduite.

> C'est une curiosité légitime de se demander, clairement et sans faux pathétique, si une conclusion de cet ordre exige que l'on quitte au plus vite une condition incompréhensible. [20]

À ce moment, Camus se pose lui-même la question de savoir si lui, en tant que représentant philosophique de l'absurdité, devrait mettre fin à son existence. Après une minutieuse réflexion, il parvient à la conclusion que le suicide n'est qu'apparemment une révolte contre l'absurdité :

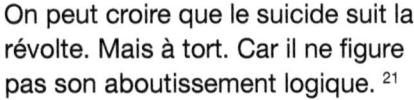

> On peut croire que le suicide suit la révolte. Mais à tort. Car il ne figure pas son aboutissement logique. [21]

Le problème de l'absurde n'a en effet pas été résolu par le suicide, mais seulement masqué. On ne fait qu'éviter l'absurde au lieu de s'y confronter. Il est toutefois important, d'après Camus, de l'accepter comme un défi :

> Vivre une expérience, un destin, c'est l'accepter pleinement. Or on ne vivra pas ce destin, le sachant absurde, si on ne fait tout pour maintenir devant soi cet absurde mis à jour par la conscience. [22]

Camus exige de l'homme qu'il se révolte avec obstination contre la chose inadmissible qu'est l'absurde, qu'il continue à vivre et se révolte chaque jour à nouveau contre l'absence de sens. Le suicide serait une fuite prématurée et interdite pour échapper à la révolte consciente :

Abolir la révolte consciente, c'est éluder le problème. [23]

Il faut donc accepter l'absurde. L'homme doit se confronter à l'absurde, se révolter contre l'absurde même s'il ne peut pas le faire disparaitre de sa vie.

Vivre, c'est faire vivre l'absurde. Le faire vivre, c'est avant tout le regarder. [24]

La pensée centrale de Camus

Mais « le regarder » ne signifie pas pour Camus : accepter avec passivité le manque de sens du monde et se retirer de ce dernier dans un esprit de résignation. Au contraire, l'homme peut et doit essayer de mettre de l'ordre dans le chaos du monde. Il ne pourra certes jamais remplir cette tâche de manière satisfaisante et en sortir vainqueur, mais il doit, malgré tout, essayer de le faire jour après jour. Il est de son devoir de donner au monde un ordre (bien entendu provisoire) et de prendre au quotidien des décisions. Il doit donc agir même quand, et là avant tout où, il ne peut percevoir aucun sens supérieur. C'est la révolte vécue que Camus exige de tout être humain. Il décrit ce combat quotidien comme une révolte passionnée contre cette condition d'être livré à un univers sans certitude ni sens dans laquelle l'homme se trouve :

> Cette révolte donne son prix à la vie […]. Il s'agit de mourir irréconcilié et non pas de plein gré. Le suicide est une méconnaissance. L'homme absurde ne peut que tout épuiser, et s'épuiser. [25]

Ainsi, comme le suicide représente une fuite physique destinée à échapper à la tâche de vivre avec l'absurde, la religion représente la même chose.

La religion, la deuxième fuite

La religion promet une vie qui continue dans l'au-delà. C'est-à-dire, elle prend comme point de départ le plus grand de tous les défis que l'existence oppose à la sensibilité humaine, celui qui éveille au plus fort le sentiment de l'absurde : la mort. La foi est effectivement une réponse à l'absurde réalité du fait de mourir fait naître l'espoir d'une vie éternelle. Si l'on arrive à libérer les hommes de la chose inadmissible qu'est la mort, la vie devient considérablement plus facile. Celle-ci peut dorénavant être compris comme une épreuve et une préparation à l'au-delà. La création d'un sens religieux a toutefois, selon Camus, deux inconvénients majeurs. D'une part, ce sens ne peut pas être prouvé et, d'autre part, une vision du monde fondée sur l'idée d'un Dieu créateur prive l'homme de sa dignité et de sa liberté. Dans sa prétention de vérité, la religion est démesurée, spéculative et se base sur le fondement de l'incompréhensible.

La pensée centrale de Camus

> Elle permet peut-être, on le voit, de tirer l'espoir [...]. Mais même si la sympathie fait pencher vers cette attitude, il faut dire cependant que la démesure ne justifie rien. Cela passe, dit-on, la mesure humaine, il faut donc que ce soit surhumain. Mais ce « donc » est de trop. Il n'y a point ici de certitude logique. Il n'y a point non plus de probabilité expérimentale. [26]

Camus est un existentialiste et un athée convaincu. Il n'accepte donc aucune détermination qui aurait son origine en dehors de la sphère de l'existence humaine. Tout penseur (qu'il soit théologien ou philosophe) dont la pensée culmine dans l'hypothèse d'un Dieu supérieur commet, d'après Camus un « suicide philosophique », puisqu'il abandonne sa propre certitude de soi-même. En effet, d'après Camus, l'homme a le devoir de ne parvenir à ses conclusions que de manière humaine.

> Je ne sais pas si ce monde a un sens qui le dépasse. Mais je sais que je ne connais pas ce sens et qu'il m'est impossible pour le moment de le connaître. Que signifie pour moi signification hors de ma condition ? Je ne puis comprendre qu'en termes humains. [27]

Il s'agit donc, dit Camus, de ne pas essayer d'aller au-delà de ce que l'on a devant les yeux comme certitude évidente. Il s'agit ici, principalement, de deux faits établis : d'une part, du désir de sens, de certitude, d'ordre et d'un avenir contrôlable qui existe en tout être humain et, d'autre part, du monde extérieur, chaotique et imprévisible qui nous fait subir le supplice de la marche inexorable du temps et nous condamne à mort. Le caractère irréconciliable de notre désir d'ordre avec le chaos structurel du monde conduit toujours à de nouvelles déceptions et crée le climat de l'absurde.

Même si l'absurdité est aussi difficile à supporter, elle doit malgré tout être acceptée en tant que telle.

Et sur cette base, c'est-à-dire en reconnaissant l'absurde, nous devons tenter de vivre, d'agir et de décider librement. Croire en Dieu serait une négation de notre liberté :

> On connaît l'alternative : ou nous ne sommes pas libres et Dieu tout-puissant est responsable du mal. Ou nous sommes libres et responsables mais Dieu n'est pas tout-puissant. Toutes les subtilités d'écoles n'ont rien ajouté ni soustrait au tranchant de ce paradoxe. [28]

Ici aussi, il est clair que Camus voit la croyance en Dieu comme une fuite de la responsabilité propre de l'homme. La thèse exprimée dans la religion chrétienne qu'un Dieu absolu et tout puissant a fait cadeau à l'homme d'un bout de liberté afin qu'il puisse de sa propre volonté choisir entre le Bien et le Mal, Camus la réfute :

> Je ne puis comprendre ce que peut être une liberté qui me serait donnée par un être supérieur. J'ai perdu le sens de la hiérarchie. [29]

Idéologie, la troisième fuite

Résumons : le suicide en tant que réaction à l'absurdité de la vie est interdit, car il ne résout pas le problème de l'absurde, mais l'évite. La croyance religieuse en un sens divin du monde est elle aussi interdite, puisque, bien qu'elle enlève son caractère épouvantable à l'absurdité de la mort, elle reste aussi, en fin de compte, une fuite devant la propre responsabilité de l'être humain. La troisième et dernière tentative de fuir l'absurde est l'utopie politique ou le projet d'une future société idéale du point de vue de laquelle on observe notre présent absurde et interprète celui-ci comme une phase transitoire vers quelque chose de beaucoup plus parfait.

La pensée centrale de Camus

Camus critique tous les grands idéologues politiques qui promettent le paradis aux hommes. Peu importe qu'il s'agisse là du Reich millénaire rêvé par les nazis ou d'une société communiste où les classes sociales seraient abolies, l'homme se voit toujours présenter un objectif futur qui reste encore à réaliser et dont la réalisation justifierait tous les sacrifices imaginables dans le monde du présent. Mais vérité, dit Camus, l'Histoire n'a pas de but et pas de sens reconnaissable non plus. Et même s'il existait un tel but de l'Histoire, personne ne pourrait dire avec certitude en quoi il consisterait. Tous les politiciens, les dirigeants de partis politiques et idéologues qui prétendent avec obstination connaître le but définitif de l'Histoire soit mentent, soit sont aveuglés. En fixant un objectif qui dépasse notre existence, la religion et l'idéologie ont un noyau commun :

> L'espoir d'une autre vie qu'il faut « mériter », ou tricherie de ceux qui vivent non pour la vie elle-même, mais pour quelque grande idée qui la dépasse, la sublime, lui donne un sens et la trahit. [30]

Une philosophie de l'Histoire qui prescrit le sens de la vie n'est rien d'autre qu'une trahison de la véritable vie. C'est là la cause principale de la brouille de Camus avec son ami de longue date, Sartre. Ce dernier était un intellectuel de gauche d'orientation marxiste et considérait la société communiste sans classes comme un objectif historique qu'on pouvait déduire de l'évolution économique. Camus, au contraire, critiquait violemment le régime de terreur du communisme de l'époque :

> La révolution du XXe siècle, au contraire, prétend s'appuyer sur l'économie, mais elle est d'abord une politique et une idéologie. Elle ne peut, par fonction, éviter la terreur et la violence faite au réel. Malgré ses prétentions, elle part de l'absolu pour modeler la réalité. [31]

Propager que l'Histoire tend vers un point final absolu ne serait rien d'autre qu'une doctrine de salut religieuse ; la seule différence entre la religion et une telle doctrine politique serait que, dans celle-ci, le sens de l'existence ne provient pas d'une croyance spéculative dans le « salut »mais d'une interprétation spéculative de l'Histoire. Un homme honnête ne doit toutefois pas fuir la conscience de l'absurde, ni par le suicide, ni par la religion, ni par l'idéologie. Chacune de ces trois tentatives d'échapper à l'absurde sont interdites, car l'absurdité est une circonstance fondamentale de l'existence :

Cet état de l'absurde, il s'agit d'y vivre. 32

Nous nous approchons maintenant de la pensée centrale de la philosophie de Camus. Camus exige effectivement de nous que nous développions un comportement qui nous permet d'exister dans le climat de l'absurde.

L'authenticité face à l'absurde

Il faut conserver le sens de l'absurde et le cultiver. Si le climat de l'absurde se densifie, nous nous retrouvons devant la question décisive et primordiale :

> Va-t-on mourir, échapper par le saut, reconstruire une maison d'idées et de formes à sa mesure ? Va-t-on au contraire soutenir le pari déchirant et merveilleux de l'absurde ? Faisons à cet égard un dernier effort et tirons toutes nos conséquences. Le corps, la tendresse, la création, l'action, la noblesse humaine, reprendront alors leur place dans ce monde insensé. [33]

Si l'être humain relève le pari de l'absurde et mise tout sur le fait de continuer face à l'absence de sens, il rend finalement toute sa dignité à son existence dévalorisée. Ce faisant, il peut même devenir heureux :

> À partir du moment où elle est reconnue, l'absurdité est une passion, la plus déchirante de toutes. [34]

L'homme absurde éclairé n'est donc en aucun cas une personne frustrée, apathique, assise dans un coin et résignée, mais un combattant passionné qui ne se laisse pas déconcerter pas les exigences inacceptables de l'existence. Relever le défi signifie pour Camus, combattre avec détermination le hasard et le chaos du monde :

> L'absurde n'a de sens que dans la mesure où l'on n'y consent pas. [35]

C'est ici que se présente un point central de la philosophie de Camus. L'absence de sens et le chaos du monde sont certes des réalités, tout comme notre désir de clarté, d'ordre et de prévisibilité sont réalités aussi ; on aurait quand même tort de désespérer à cause de cette contradiction. Au contraire, c'est à ce point de la connaissance que devrait commencer ce que Camus nomme la « révolte » quotidienne. Opposant un contre-défi à ce défi qui est l'absence de sens, nous devons nous lever chaque matin, effectuer notre travail quotidien et consacrer toutes nos forces à continuer de vivre. Par exemple, Camus avait lui-même deux enfants, était un père de famille affectueux et était engagé politiquement. En quoi consisterait donc la différence entre ce que l'on appelle l'homme normal et l'homme absurde qui aurait intégré dans son esprit et son comportement l'absence de sens de l'existence ? Cette différence consiste, d'une part, au fait que celui qui a fait dans sa vie l'expérience profonde de l'absurde ne peut plus jamais oublier cette expérience :

Un homme devenu conscient de l'absurde lui est lié pour jamais. [36]

D'autre part, l'« homme absurde » vit plus librement, car il n'est plus l'esclave de l'avenir. Il est certes soumis aux mêmes contraintes que les autres, mais il agit en connaissance de ces contraintes. Il reconnaît l'absurdité de ses propres actions, mais ne se laisse pas décourager pour autant et y puise, au contraire, sa force et sa grandeur :

L'homme y retrouvera enfin le vin de l'absurde et le pain de l'indifférence dont il nourrit sa grandeur. [37]

Que veut nous dire, concrètement, Camus lorsqu'il utilise cette image du « pain de l'indifférence » ? Comment doit-on se figurer la vie face à l'absurde ? Camus nous explique le noyau de sa philosophie en utilisant la vie de Sisyphe, un personnage de la mythologie grecque.

Le Mythe de Sisyphe

Le poète Homère nous décrit Sisyphe comme une personne ambiguë. On dit de lui qu'il possédait une telle joie de vivre, obstination et astuce qu'il n'éprouvait même pas de respect pour les dieux. Ainsi est-il devenu par hasard le témoin de l'enlèvement de la très jolie fille du dieu-fleuve Asopos par Zeus. Alors qu'au bout de quelques jours le dieu-fleuve cherchait désespérément sa fille, Sisyphe lui livra le secret de l'endroit où Zeus, le père de tous les dieux, cachait cette dernière.

Le dieu-fleuve réussit effectivement à récupérer sa fille et remercia Sisyphe en lui faisant cadeau d'une source pour la forteresse de Corinthe. Zeus éprouva une très grande colère que Sisyphe eût osé le trahir. Pour le punir, il envoya Thanatos, la Mort, chercher Sisyphe. Mais l'astucieux Sisyphe parvint à enivrer la Mort et à l'attacher tellement bien qu'elle perdit son pouvoir et ne pouvait plus emporter personne. Ce n'est que lorsque le dieu de la guerre s'étonna que personne ne mourait plus sur les champs de bataille qu'il découvrit la ruse de Sisyphe. En effet, le dieu de la guerre partit alors à la recherche de la Mort, la libéra de ses entraves et entraîna Sisyphe dans le monde souterrain où les dieux le condamnèrent à un sévère châtiment.

Il fut condamné à pousser un lourd bloc de rocher jusqu'au sommet d'une montagne pentue et, peu avant qu'il arrive au sommet, à chaque fois, ce bloc lui échappe et roule à nouveau en bas de la montagne. Les dieux ont donc attribué à l'obstiné, habile et fier Sisyphe une tâche qu'il ne pourra jamais accomplir et dont l'absurdité doit le tourmenter pour l'éternité. C'est exactement cette situation absurde, le fait que Sisyphe doive poursuivre un but qu'il n'atteindra finalement jamais, qui fait de lui, pour Camus, un exemple lumineux de tous ceux qui ont conscience de l'absurdité de l'existence :

> On a compris déjà que Sisyphe est le héros absurde. Il l'est autant par ses passions que par son tourment. [38]

Ainsi Camus compare-t-il le châtiment de Sisyphe avec la situation de l'ouvrier moderne dans l'industrie. Comme Sisyphe roule chaque jour son rocher au sommet de la montagne, l'ouvrier doit effectuer chaque jour à nouveau les mêmes gestes sur la chaîne de montage, sans en voir le véritable objectif ou même parvenir à un achèvement :

> L'ouvrier d'aujourd'hui travaille, tous les jours de sa vie, aux mêmes tâches et ce destin n'est pas moins absurde. Mais il n'est tragique qu'aux rares moments où il devient conscient. [39]

En comparaison avec l'ouvrier moderne, Sisyphe a en plus le problème qu'il est conscient à chaque seconde de l'impossibilité de trouver une issue à son action. Toutefois, il n'abandonne pas. Il ne doute pas de sa tâche et ne supplie pas les dieux de le gracier. Non, il ne s'excuse pas. Au contraire, il assume ses actions et sa vie. Loin de lui l'idée d'abandonner. Bien qu'il soit conscient de l'inutilité de son action, pour prendre sa revanche sur les dieux, il pousse son rocher vers le haut avec une indifférence stoïque, car, d'après Camus :

> Il n'est pas de destin qui ne se surmonte par le mépris. Toute la joie silencieuse de Sisyphe est là. Son destin lui appartient. Son rocher est sa chose. [40]

Sisyphe fait donc la sienne la situation fatale dans laquelle il se trouve. En décidant avec détermination de rouler en permanence son rocher, il conserve sa dignité et sa fierté. De ce fait, Sisyphe est pour Camus l'archétype original de l'homme révolté qui ne baisse pas les bras face à l'absurdité de l'existence, mais continue avec opiniâtreté à vivre. C'est pourquoi la dernière phrase, si fréquemment citée, du traité de Camus sur le Mythe de Sisyphe est la suivante :

La révolte comme attitude de vie

Camus réclame donc de nous que nous nous révoltions en permanence contre cette situation intolérable d'être condamnés à vivre dans un monde dépourvu de sens :

> La révolte métaphysique est le mouvement par lequel un homme se dresse contre sa condition et la création toute entière. [42]

Concrètement, cela signifie se lever chaque matin et aller au bureau, même si l'on ne trouve pas de raison pour y aller, sauf la rémunération matérielle. Mais le mot « révolte » porte aussi, chez Camus, une signification politique et morale. Ainsi, il est important de s'opposer à une injustice évidente et de poser des limites :

> Qu'est-ce qu'un homme révolté ? Un homme qui dit non. [...] Quel est le contenu de ce « non » ? Il signifie par exemple, « les choses ont trop duré », « jusque-là oui, au-delà non », « vous allez trop loin », et encore, « il y a une limite que vous ne dépasserez pas ». [43]

Le simple fait que nous ne puissions pas reconnaître un sens supérieur au monde ne signifie pas que nous devions rester apolitiques et passifs. Dans son livre « L'homme révolté », Camus dit sans équivoque que l'on ne doit jamais accepter l'injustice.

> À moins de fuir la réalité, il nous faut trouver en elle nos valeurs. [44]

Cette avancée dans la pensée est tout d'abord difficile à comprendre. Pourquoi Camus s'intéresse-t-il maintenant aux valeurs et à la justice ? Si le monde est absurde, imprévisible et le résultat de hasard, la justice ou injustice de ce qui s'y passe devrait nous être égal. Camus ne suit pas cette logique. Au contraire, il prétend que la reconnaissance de l'absurde est tout à fait compatible avec la recherche de valeurs. Certes, le monde est chaotique et contradictoire, mais cela n'empêche personne de veiller, dans son milieu personnel, à ce que la justice soit respectée. En effet, chaque être humain, dit Camus, possède en lui-même un sentiment sûr de la justice et de l'injustice :

Il oppose le principe de justice qui est en lui au principe d'injustice qu'il voit à l'œuvre dans le monde. [45]

Partout où l' « homme absurde » fait l'expérience du mal, il est de son devoir de se révolter. Toutefois, à cette occasion, il ne doit pas succomber à la tyrannie idéologique et forcer les autres à accepter ses propres conceptions du bien et de la justice. Camus fait ici une distinction entre la révolte et la révolution. Il condamne la pensée communiste révolutionnaire comme s'exerçant au mépris de l'homme et fait une critique acerbe de la révolution en Union Soviétique. Le chef du parti, Staline, terrorisait, dit Camus, au nom d'un futur état final paradisiaque, des milliers de gens à l'époque présente, les envoyait dans des camps de travail et les faisait assassiner. L'homme révolté, au contraire, respecte toujours la vie et se préoccupe des besoins des hommes ici et maintenant. La révolte se limite pour cette raison à un domaine sur lequel l'individu dispose d'une certaine maîtrise personnelle :

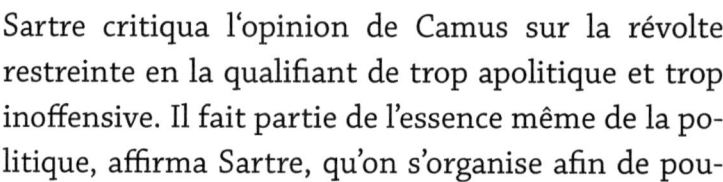

C'est pourquoi elle s'appuie d'abord sur les réalités les plus concrètes, la profession, le village, où transparaissent l'être, le cœur vivant des choses et des hommes. La politique, pour elle, doit se soumettre à ces vérités. 46

Sartre critiqua l'opinion de Camus sur la révolte restreinte en la qualifiant de trop apolitique et trop inoffensive. Il fait partie de l'essence même de la politique, affirma Sartre, qu'on s'organise afin de pou-

La pensée centrale de Camus

voir atteindre dans le monde entier quelque chose par un effort collectif avec des objectifs à long terme. Camus était entré lui-même au parti communiste algérien lorsqu'il avait vingt-et-un ans, mais se brouilla cinq ans plus tard avec le parti et le quitta en 1937. Depuis cette date, il devint un opposant déclaré à la révolution violente. Dans la revue « Les Temps Modernes » survient finalement la rupture avec Sartre qui continue de défendre le communisme de l'Union Soviétique. Les amis se brouillent et rompent tous contacts. Camus maintint son point de vue : face à l'absurdité du monde, il est présomptueux de définir des objectifs politiques utopiques pour un avenir lointain. L'homme moderne doit connaître ses limites :

Le vrai drame de la pensée révoltée est alors annoncé. Pour être, l'homme doit se révolter, mais sa révolte doit respecter la limite qu'elle découvre en elle-même […]. [47]

À quoi nous sert aujourd'hui la découverte de Camus ?

Vivre avec l'absurde, se libérer des règles bourgeoises

Avec l'absurde, Camus a sans aucun doute découvert un phénomène que chacun d'entre nous a déjà rencontré une fois au moins. Il n'existe vraisemblablement aucune personne qui, au cours de son existence, n'a pas fait personnellement sur une durée plus ou moins longue l'expérience de l'absurde. Lors du décès de membres de notre famille et d'amis, lorsqu'une relation amoureuse de longue durée échoue, la totalité d'un monde familier peut s'effondrer comme un château de cartes. On s'enfonce dans un trou profond et on se retrouve dans l'obligation de constater que le sentiment de protection et de sécurité durable n'était qu'une illusion. Tout d'un coup, le monde familier devient menaçant et froid. Une faille béante s'ouvre entre notre désir d'intégration et la sensation effective d'être à la merci du monde.

Camus nous réconforte au moins dans la mesure qu'il ne comprend pas cette faille comme un échec ou une responsabilité personnelle, mais comme conséquence de la situation existentielle de l'homme dans le monde. L'homme, par nature, désire toujours trouver du sens et de la protection et doit faire, à intervalles réguliers, l'expérience que ces deux choses n'existent pas. Camus nous explique le fait que cette contradiction trouve sa source dans la nature même de l'homme. Comme l'homme veut comprendre son monde, à la différence d'une plante, par exemple, il doit en permanence l'interpréter :

> Si j'étais arbre parmi les arbres, chat parmi les animaux, cette vie aurait un sens ou plutôt ce problème n'en aurait point car je ferais partie de ce monde. [48]

À la différence de l'arbre, l'homme doit encore trouver sa place dans le monde. Depuis sa naissance, l'homme commence, avec ses semblables, à comprendre le monde et à y trouver sa place. Ainsi, dès sa petite enfance, il ressent des désirs, commence à faire des plans et à rêver de son propre avenir. Une fois adulte, il structure ensuite finalement le déroulement de sa journée, planifie sa semaine, ses vacances, son mariage, etc. et essaie de maîtriser sa vie. Les relations, le mariage, les enfants, le métier et la situation dans laquelle il vit jouent ici un rôle important, car ils apportent une solidité à sa vie. Cependant, ce désir inné d'ordre, et c'est cela la pensée centrale de Camus, atteint obligatoirement ses limites à plus ou moins long terme. Aussi bien et judicieusement que l'on puisse planifier sa vie, des changements, des catastrophes, des coups de chance surviennent, des séparations, des rencontres se produisent et tout cela change radicalement les plans. En outre, le fait que nous devons, à la fin, mourir remet en question tous nos projets, aussi bons qu'ils soient. Notre esprit appelle de ses vœux l'ordre, la stabilité et l'avenir ; mais le monde est chaotique, incertain et il plane sur lui l'ombre de la mort :

> Cette évidence, c'est l'absurde. C'est ce divorce entre l'esprit qui désire et le monde qui déçoit [...]. [49]

Camus nous conseille de ne pas rejeter l'absurde, mais de lui accorder une place et même, de nous raccrocher consciemment à lui :

> Si donc je veux le maintenir, c'est par une conscience perpétuelle, toujours renouvelée, toujours tendue. Voilà ce que, pour le moment, il me faut retenir. À ce moment, l'absurde, à la fois si évident et si difficile à conquérir, rentre dans la vie d'un homme et retrouve sa patrie. [50]

L'absurde devrait donc devenir un élément familier de notre vie. Ceci ne signifie rien d'autre que de vivre en permanence dans la conscience de l'absurdité. Même Sisyphe continue de rouler sa pierre vers le sommet de la montagne, bien qu'il sache pertinemment qu'elle va lui échapper et retourner en bas. Il pourrait abandonner et s'affaisser, mais il continue afin de montrer aux dieux que ces derniers ne peuvent pas l'humilier avec leur châtiment. Il s'agit là du véritable sens de la « révolte » que Camus exige encore et toujours. L'homme ne doit pas céder devant l'absurdité, il doit se révolter contre elle et poursuivre son existence avec fierté et droiture. Lorsque, le matin, le réveil sonne, il doit, comme tous les autres êtres humains, se lever, aller au travail, gagner de l'argent, faire ses courses, manger et boire. La seule différence entre la conduite de vie normale et la conduite de vie absurde, c'est que l'homme absurde est, chaque minute de sa vie, conscient de la contradiction de son existence. En outre, l'homme absurde sait que sa durée de vie est limitée. Cette compréhension conduit toutefois à un profond sentiment de liberté :

> [...] tout entier tourné vers la mort (prise ici comme l'absurdité la plus évidente), l'homme absurde se sent dégagé de tout ce qui n'est pas cette attention passionnée qui cristallise en lui. Il goûte une liberté à l'égard des règles communes. [51]

L'homme qui accepte l'absurde et vit avec l'absurdité ne respectera que celles parmi les règles et lois de la société qu'il considère lui-même comme justes. Ainsi, Camus aiguise notre vision de l'essentiel et veut nous encourager à suivre notre propre voie. Celui qui ne respecte que ce qu'on lui a dit, inculqué et ordonné depuis l'enfance n'est pas libre et est esclave d'une explication du monde qu'on lui a transmise. Celui, au contraire, qui accepte de reconnaître l'absurdité du monde et de vivre avec elle, ne respectera que ce qu'il juge lui-même, dans chaque moment spécifique, être juste ; il pourra mesurer le monde entier à cet aune.

Les styles de vie absurdes : acteur et séducteur

Qu'est-ce que cela signifie concrètement ? Comment doit-on s'imaginer une vie qui serait menée en pleine conscience du changement permanent et de sa finitude ? Camus nous fournit quelques exemples qui rendent concrète cette idée d'un « style de vie absurde ».

Un acteur, par exemple, ne peut pas faire autrement qu'adopter un style de vie absurde s'il veut exercer son métier de manière professionnelle. Il doit toujours s'identifier avec chaque rôle nouveau. Cela signifie que, dans un acte de création, il doit donner vie aux personnages qu'il incarne. Il s'efforce de sentir, de penser, d'agir comme le personnage et se transforme finalement entièrement en ce dernier. Une fois la représentation terminée, il doit le faire mourir afin de se glisser à nouveau dans un nouveau personnage. Camus interprète cela de la manière suivante :

> Il suffit d'un peu d'imagination pour sentir alors ce que signifie un destin d'acteur. C'est dans le temps qu'il se compose et énumère ses personnages. C'est dans le temps aussi qu'il apprend à les dominer. Plus il a vécu de vies différentes et mieux il se sépare d'elles. [52]

Comme Sisyphe qui roule inlassablement son rocher au sommet de la montagne bien qu'il sache que son action est vaine, l'acteur, avec toute sa passion, éveille des personnages à la vie en étant conscient du fait que, malgré toute la vitalité qu'il leur insuffle, ils devront de nouveau mourir peu de temps après ou retomber dans l'oubli.

> À parcourir ainsi les siècles et les esprits, à mimer l'homme tel qu'il peut être et tel qu'il est, l'acteur rejoint cet autre personnage absurde qui est le voyageur. Comme lui, il épuise quelque chose et parcourt sans arrêt. 53

Un autre exemple que nous propose Camus d'un style de vie absurde, est celui du destin du légendaire séducteur, Don Juan. Il conquit par milliers les cœurs des femmes et, à cette occasion, tombe à chaque fois de nouveau amoureux. Mais malgré tout, il ne peut rester avec aucune. Il ne se marie pas, ne devient jamais sédentaire, il aime et ne vit que pour l'instant de la séduction. Puisque ceci ne correspond pas aux règles morales de l'époque, il est poursuivi par les institutions et l'Église, ce qui ne l'empêche toutefois pas de faire de nouvelles conquêtes. Pourtant, son mode de vie n'est pas du tout de nature particulière, car, nous dit Camus :

Il est un séducteur ordinaire. À cette différence près qu'il est conscient et c'est par là qu'il est absurde. 54

Il y a deux raisons pourquoi Don Juan mène une vie absurde. D'une part, il ne fait confiance qu'à son propre sentiment de la réalité dans l'instant présent et il fait profession ouverte de l'idée qu'il se fait de l'amour accompli. Les règles du monde extérieur lui paraissent, en ce qui regarde lui-même et sa propre nature, dénuées de sens. D'autre part, il sait déjà au début de chaque relation passionnelle qu'il n'atteindra jamais la satisfaction d'un amour absolu et éternel. Ce serait, nous dit Camus, une erreur de croire que Don Juan n'ait été qu'un rêveur en quête de l'amour parfait et aurait toujours cherché sans répit et désespérément à le trouver, malgré tout, un jour. Il était bien au contraire conscient du caractère éphémère de tout amour. Ainsi, une femme qui, une fois, espérait l'avoir conquis entièrement pour elle seule, s'écria, ravie : « Enfin, je t'ai donné l'amour ! ». À cela Don Juan répondit avec un sourire : « Enfin ? Non, juste une fois de plus ! ». L'amour de Don Juan est l'amour d'un moment intense qu'il doit toujours chercher à retrouver, tout comme Sisyphe roule encore et encore son rocher vers le haut de la montagne. Mais, c'est la raison pourquoi son amour n'est ni mauvais ni immoral, car, nous dit Camus :

Pourquoi faudrait-il aimer rarement pour aimer beaucoup ? [55]

Don Juan aime et désire à chaque fois du fond du cœur. C'est cela justement qui le rend tellement irrésistible pour les femmes. Puisque l'amour est quelque chose de sacré pour lui, il doit toujours le vivre dans toute son intensité, pour le perdre ensuite à nouveau. Cela, d'après Camus, fait de l'amour de Don Juan quelque chose de particulier :

> Il n'y a d'amour généreux que celui qui se sait en même temps passager et singulier. Ce sont toutes ces morts et toutes ces renaissances qui font pour Don Juan la gerbe de sa vie. [56]

Tant Don Juan que l'acteur sont des héros absurdes. En effet, ils s'abandonnent toujours et à chaque fois inconditionnellement à leur passion. Tant qu'ils séduisent une femme ou représentent de manière authentique un personnage sur scène, ils se sentent en vie ; mais ils sont en même temps conscients qu'ils ne peuvent pas conserver ce sentiment. Il leur échappe d'une fois à l'autre et ils doivent à chaque fois recommencer au début. C'est pourtant précisément cela qui est un symbole d'une vie intense dans la conscience de l'absurde.

Trouver le juste milieu

Mais comment pouvons-nous trouver une telle intensité si nous ne sommes ni acteurs ni séducteurs ?

Si l'on considère les styles de vie absurdes énumérés par Camus ainsi que son appel à la révolte permanente, nous en tirons la conséquence suivante : un mode de vie résolument orienté vers l'instant ou le moment présent. Il faut rester fidèle à sa propre passion. Une telle passion peut aussi très bien prendre la forme d'un engagement politique. Ce qu'il est possible de faire doit être fait, mais les pensées idéologiques d'un « salut total » doivent être rejetées. C'est pourquoi Camus place au début de son ouvrage philosophique principal la citation du poète grec Pindare qui nous indique la voie à suivre :

O mon âme, n'aspire pas à la vie immortelle, mais épuise le champ du possible. Pindare, 3e Pythique. [57]

Au quotidien, l'homme doit faire ses preuves face à l'absurde. Pour cela, selon Camus, il doit trouver un juste milieu, une voie entre l'excès total et une soumission stoïque à la mort. Le fait que nous mourons tous, un jour, ne doit toutefois pas mener au fait que, par panique en pensant qu'aujourd'hui peut être notre dernier jour, nous essayons absolument tout, égoïstement et impitoyablement, ce que le monde peut nous offrir en matière d'excitations et de plaisirs. D'autre côté, il ne fait non plus aucun sens d'orienter son projet de vie sur une vision du futur qui ne se produira peut-être jamais et dont l'utilité effective n'est même pas calculable. Dans toutes les passions, il s'agit de trouver la bonne mesure :

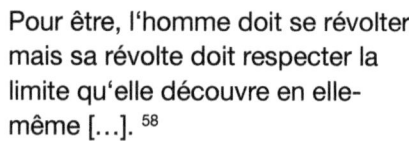
Pour être, l'homme doit se révolter, mais sa révolte doit respecter la limite qu'elle découvre en elle-même [...]. 58

Le credo de l'homme absurde n'est, par conséquent, ni « carpe diem ! » ni « Pense toujours à l'avenir ». Ces deux leitmotivs sont contraires, d'après Camus, au bon mode de vie méditerranéen du juste milieu. Prenons pour exemple, les pensions de retraite. Bien sûr qu'il est justifié de prendre ses précautions pour la vie qu'on mènera quand on sera âgé, mais il ne fait aucun sens de ne vivre que pour la retraite et de tout orienter vers cette phase de l'existence. Vivre avec l'absurdité signifie pour Camus, prendre le caractère insondable de notre existence comme raison de faire dans notre environnement direct ce qui nous semble juste et bon. La révolte permanente doit faire partie de notre vie. Une résistance inlassable à l'injustice fait partie du style de vie absurde tout comme la passion intensive et voluptueuse pour le moment présent.

La sérénité face au caractère imprévisible de l'existence

Si effectivement, comme Camus le souligne à plusieurs reprises, le hasard régit le monde et notre vie est aussi toujours marquée par une chaîne de circonstances imprévisibles et si, en outre, aucun sens supérieur ordonnant ces circonstances en des catégories « importantes » et « sans importance » n'est reconnaissable, alors toutes les expériences ont elles aussi la même valeur. En effet, Camus est par conséquent d'avis que toutes les expériences sont de valeur égale et que ce n'est donc pas la qualité de chaque expérience, mais seulement leur quantité qui joue un rôle. Une longue existence est donc préférable à une courte :

Car d'une part l'absurde enseigne que toutes les expériences sont indifférentes et, de l'autre, il pousse vers la plus grande quantité d'expériences. [59]

Pour cette raison, une vie bien remplie mais courte ne peut jamais compenser le fabuleux trésor d'expériences que constitue une longue vie :

> C'est ainsi qu'aucune profondeur, aucune émotion, aucune passion et aucun sacrifice ne pourraient rendre égales aux yeux de l'homme absurde (même s'il le souhaitait) une vie consciente de quarante ans et une lucidité étendue sur soixante ans. [60]

Ainsi une longue existence est dans tous les cas un enrichissement tout comme, à l'inverse, une mort précoce signifie une perte énorme, car, comme Camus nous dit :

> Pour l'acteur comme pour l'homme absurde, une mort prématurée est irréparable. Rien ne peut compenser la somme des visages et des siècles qu'il eût, sans cela, parcourus. [61]

Il semble toujours tragique de se rappeler que Camus, qui à de nombreux endroits de son œuvre faisait l'éloge d'une longue vie, est lui-même décédé brutalement et prématurément à 47 ans dans un accident de voiture.

Jusqu'à ce jour, sa mort reste mystérieuse, non parce que les circonstances de sa mort étaient obscures (au contraire, on en connaît très précisément le déroulement), mais parce qu'à cette occasion une suite de hasards absurdes ont joué un rôle décisif. Camus passait les fêtes de Noël au sein de sa famille dans la maison de campagne en Provence. Comme ses deux enfants devaient retourner à l'école, il voulait rentrer avec eux et sa femme à Paris le 2 janvier 1960. Il avait déjà acheté les quatre billets de train lorsque la famille de son éditeur, Gallimard, lui rendit une visite surprise. Gallimard persuada Camus de rentrer à Paris avec eux deux jours plus tard et de laisser sa femme et les enfants partir en train avant lui. C'est en hésitant que Camus accepta. Deux jours plus tard, il était assis aux côtés de Gallimard qui conduisait. Lors du trajet à Paris, la voiture fit une sortie de route et s'écrasa sur un platane. Camus et son éditeur moururent dans l'accident. Madame Gallimard et sa fille qui étaient assises à l'arrière du véhicule furent éjectées et, comme par miracle, ne furent même pas blessées. Dans le sac de Camus, on trouva sur les lieux de l'accident son propre billet de train inutilisé. Des années auparavant déjà, Camus avait écrit :

> L'homme ne choisit pas. L'absurde et le surcroît de vie qu'il comporte ne dépendent donc pas de la volonté de l'homme mais de son contraire qui est la mort. En pesant bien les mots, il s'agit uniquement d'une question de chance. [62]

À quoi donc nous servent aujourd'hui encore les réflexions sur l'absurde de Camus ? Il est difficile de répondre à cette question. Il recommande une longue vie, écrit cependant aussi que nous ne pouvons pas nous-mêmes exercer une influence sur cette dernière. Face au caractère imprévisible et absurde de l'existence, il nous recommande un mode de vie apte à cultiver la sérénité et le juste milieu. D'autre part, il renvoie à l'intensité et le caractère passionné du héros absurde Don Juan et nous exhorte à la révolte permanente. La philosophie de l'absurde de Camus reste jusqu'à ce jour équivoque et met en valeur différents points. Que pouvons-nous en retirer pour notre vie moderne ? En quoi a-t-il raison ?

Restons-en à l'image de Sisyphe. Camus a sans aucun doute reconnu une vérité dérangeante et mis au jour le fait que l'homme moderne est, effectivement et à de nombreux égards, confronté à une situation semblable à celle de Sisyphe. Il doit chaque jour faire à nouveau son devoir et venir à bout du quotidien sans être vraiment certain du sens de son existence. La plupart des gens ne croient plus aujourd'hui ni en Dieu, ni au caractère sacré de La Patrie ni aux grandes visions politiques. Face à cette absence de fondement, la société moderne doit surmonter une crise de sens structurelle. À cela s'ajoutent aussi des catastrophes économiques, financières et environnementales qui ébranlent de plus en plus, chez beaucoup la confiance en leur sécurité matérielle.

Dans cette mesure, le diagnostic de Camus relatif à l'absurde reste toujours d'actualité. Mais le grand don qu'il nous a fait est plutôt la découverte des chances qui en résultent. Ainsi la fin de l'ère où le sens de nos vies nous était dicté par l'Église et la politique peut être vue comme une libération. Grâce à la disparition de la tutelle religieuse et politique exercée par le christianisme, le nationalisme et le communisme, pour la première fois, des millions de personnes sont en situation de comprendre et d'organiser leur monde selon leurs propres idées et désirs. Nous devons saisir cette chance. En effet, et c'est là le véritable héritage de Camus, chaque être humain, à travers une révolte quotidienne, peut contribuer à la création d'un monde plus juste. Même si, comme le dit Camus, l'univers reste un mystère incompris et que nous ne pouvons pas envisager la fin de nos efforts toujours renouvelés, il s'agit là, malgré tout, d'une tâche gratifiante :

Il faut imaginer Sisyphe heureux. [63]

Index des citations

1. Citation, Albert Camus, Le Mythe de Sisyphe, Éditions Gallimard, Paris 1942, collection Idées, page 24.
2. Citation, Le Mythe de Sisyphe, page 60
3. Citation, Albert Camus, Carnets I Mai 1935 - février 1942 Éditions Gallimard, Paris 1962 et 2013, collection Folio, page 146
4. Citation, Le Mythe de Sisyphe, page 37
5. Citation, Le Mythe de Sisyphe, page 76
6. Citation, Le Mythe de Sisyphe, page 27
7. Citation, Le Mythe de Sisyphe, page 28 et 29
8. Citation, Le Mythe de Sisyphe, page 28
9. Citation, Le Mythe de Sisyphe, page 24
10. Citation, Le Mythe de Sisyphe, page 29
11. Citation, Le Mythe de Sisyphe, page 29
12. Citation, Le Mythe de Sisyphe, page 26
13. Citation, Le Mythe de Sisyphe, page 18
14. Citation, Le Mythe de Sisyphe, page 32
15. Citation, Le Mythe de Sisyphe, page 71
16. Citation, Le Mythe de Sisyphe, page 37
17. Citation, Le Mythe de Sisyphe, page 28
18. Citation, Le Mythe de Sisyphe, page 36
19. Citation, Le Mythe de Sisyphe, page 15
20. Citation, Le Mythe de Sisyphe, page 19
21. Citation, Le Mythe de Sisyphe, page 77
22. Citation, Le Mythe de Sisyphe, page 76
23. Citation, Le Mythe de Sisyphe, page 76
24. Citation, Le Mythe de Sisyphe, page 76
25. Citation, Le Mythe de Sisyphe, page 78
26. Citation, Le Mythe de Sisyphe, page 59 et 60
27. Citation, Le Mythe de Sisyphe, page 73
28. Citation, Le Mythe de Sisyphe, page 79
29. Citation, Le Mythe de Sisyphe, page 80
30. Citation, Le Mythe de Sisyphe, page 21
31. Citation, Albert Camus, L'Homme Révolté, Éditions Gallimard, Paris 1951, collection Idées, page 357.
32. Citation, Le Mythe de Sisyphe, page 60

33 Citation, Le Mythe de Sisyphe, page 75
34 Citation, Le Mythe de Sisyphe, page 38
35 Citation, Le Mythe de Sisyphe, page 50
36 Citation, Le Mythe de Sisyphe, page 50
37 Citation, Le Mythe de Sisyphe, page 75
38 Citation, Le Mythe de Sisyphe, page 162
39 Citation, Le Mythe de Sisyphe, page 163 et 164
40 Citation, Le Mythe de Sisyphe, page 164 et 165
41 Citation, Le Mythe de Sisyphe, page 166
42 Citation, L'Homme Révolté, page 39
43 Citation, L'Homme Révolté, page 25
44 Citation, L'Homme Révolté, page 34
45 Citation, L'Homme Révolté, page 39
46 Citation, L'Homme Révolté, page 357
47 Citation, L'Homme Révolté, page 34
48 Citation, Le Mythe de Sisyphe, page 74
49 Citation, Le Mythe de Sisyphe, page 71
50 Citation, Le Mythe de Sisyphe, page 74
51 Citation, Le Mythe de Sisyphe, page 82
52 Citation, Le Mythe de Sisyphe, page 114
53 Citation, Le Mythe de Sisyphe, page 108
54 Citation, Le Mythe de Sisyphe, page 100
55 Citation, Le Mythe de Sisyphe, page 97
56 Citation, Le Mythe de Sisyphe, page 102
57 Citation, Le Mythe de Sisyphe, page 11
58 Citation, L'Homme Révolté, page 34
59 Citation, Le Mythe de Sisyphe, page 86
60 Citation, Le Mythe de Sisyphe, page 87
61 Citation, Le Mythe de Sisyphe, page 113
62 Citation, Le Mythe de Sisyphe, page 87
63 Citation, Le Mythe de Sisyphe, page 166

Déjà paru dans la même série:

Walther Ziegler
Camus en 60 minutes
1ère èdition janvier 2019
84 pages, Poche, € 9,99
ISBN 9782-3-2210-973-9

Walther Ziegler
Freud en 60 minutes
1ère èdition janvier 2019
88 pages, Poche, € 9,99
ISBN 9782-3-2210-969-2

Walther Ziegler
Hegel en 60 minutes
1ère èdition janvier 2019
124 pages, Poche, € 9,99
ISBN 9782-3-2210-965-4

Walther Ziegler
Kant en 60 minutes
1ère èdition janvier 2019
148 pages, Poche, € 9,99
ISBN 9782-3-2210-962-3

Walther Ziegler
Marx en 60 minutes
1ère èdition janvier 2019
104 pages, Poche, € 9,99
ISBN 9782-3-2210-967-8

Walther Ziegler
Nietzsche en 60 minutes
1ère èdition janvier 2019
152 pages, Poche, € 9,99
ISBN 9782-3-2209-114-0

Walther Ziegler
Platon en 60 minutes
1ère èdition janvier 2019
104 pages, Poche, € 9,99
ISBN 9782-3-2210-956-2

Walther Ziegler
Rousseau en 60 minutes
1ère èdition janvier 2019
104 pages, Poche, € 9,99
ISBN 9782-3-2210-960-9

Walther Ziegler
Sartre en 60 minutes
1ère èdition janvier 2019
116 pages, Poche, € 9,99
ISBN 9782-3-2210-971-5

Walther Ziegler
Smith en 60 minutes
1ère èdition janvier 2019
100 pages, Poche, € 9,99
ISBN 9782-3-2210-958-6

À paraître dans la même série:

Walther Ziegler
Adorno en 60 minutes

Walther Ziegler
Arendt en 60 minutes

Walther Ziegler
Habermas en 60 minutes

Walther Ziegler
Foucault en 60 minutes

Walther Ziegler
Heidegger en 60 minutes

Walther Ziegler
Hobbes en 60 minutes

Walther Ziegler
Popper en 60 minutes

Walther Ziegler
Rawls en 60 minutes

Walther Ziegler
Schopenhauer en 60 minutes

Walther Ziegler
Wittgenstein en 60 minutes

Auteur:

Walther Ziegler est professeur d'université et docteur en philosophie. En tant que correspondant à l'étranger, reporter et directeur de l'information de la chaîne de télévision allemande ProSieben, il a produit des films sur tous les continents. Ses reportages ont été récompensés par plusieurs prix. En 2007, il prit la direction de la « Medienakademie » à Munich, une Université des Sciences Appliquées et y forme depuis des cinéastes et des journalistes. Il est l'auteur de nombreux ouvrages philosophiques, qui ont été publiés en plusieurs langues dans le monde entier. Dans sa qualité de journaliste de longue date, il parvient à résumer la pensée complexe des grands philosophes de manière passionnante et accessible à tous.